Impressum
Verlag: BABADADA GmbH, Nedderfeld 112 , 22529 Hamburg
Geschäftsführer / Verlagsleitung: Harald Hof
Druck: Books on Demand GmbH, In de Tarpen 42, 22848 Norderstedt

Imprint
Publisher: BABADADA GmbH, Nedderfeld 112 , 22529 Hamburg, Germany
Managing Director / Publishing direction: Harald Hof
Print: Books on Demand GmbH, In de Tarpen 42, 22848 Norderstedt

el colegio

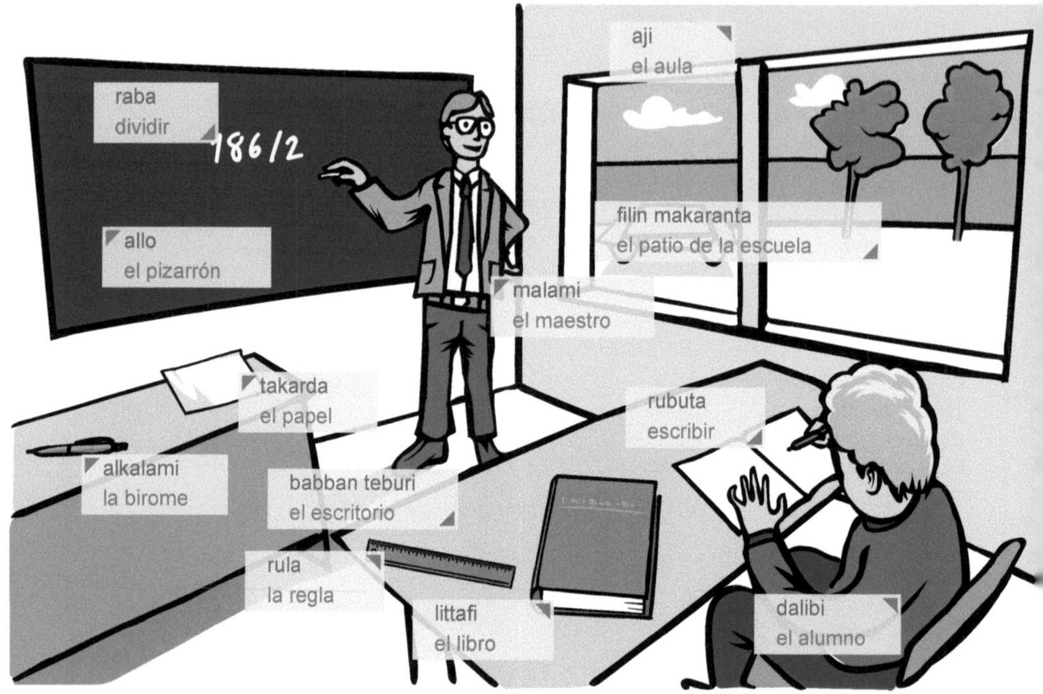

aji
el aula
raba
dividir
186/2
allo
el pizarrón
filin makaranta
el patio de la escuela
malami
el maestro
takarda
el papel
rubuta
escribir
alkalami
la birome
babban teburi
el escritorio
rula
la regla
littafi
el libro
dalibi
el alumno

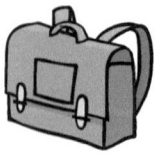

jakar makaranta

la mochila

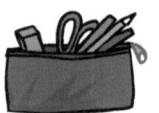

gidan fensir

la caja de lápices

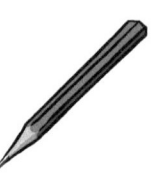

fensir

el lápiz

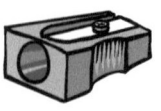

abin fike fensir

el sacapuntas

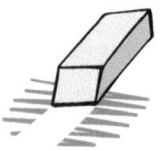

kilina

la goma (de borrar)

kwalin zane

el bloc de dibujo

zane

el dibujo

burushin fenti

el pincel

gwangwanin fenti

la caja de pinturas

almakashi

la tijera

gam

el pegamento

littafi aiki

el cuaderno de ejercicios

aikin gida

la tarea

lamba

el número

2+2

kara

sumar

5-2

debe

restar

2×2

yi sau

multiplicar

kwakuleta

calcular

wasika

la letra

ABCDEFG
HIJKLMN
OPQRSTU
VWXYZ

harafi

el abecedario

kalma

la palabra

rubutu

el texto

karanta

leer

alli

la tiza

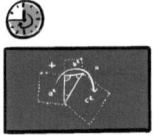

darasi

la lección

rijista

el cuaderno de clase

jarabawa

el examen

satifiket

el certificado

kayan makaranta

el uniforme escolar

ilimi

la educación

kundin ilimi

la enciclopedia

jami'a

la universidad

madubin kimiyya

el microscopio

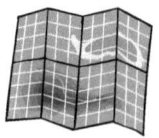

taswira

el mapa

kwandon shara

el tacho (de basura)

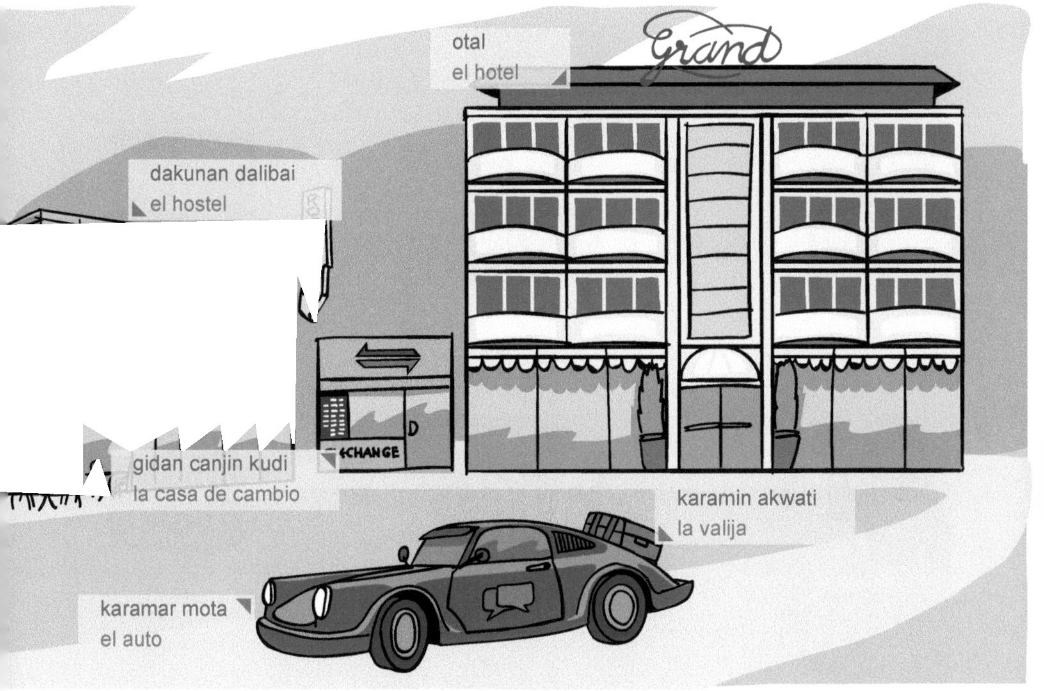

otal
el hotel
Grand
dakunan dalibai
el hostel
gidan canjin kudi
la casa de cambio
CHANGE
karamin akwati
la valija
karamar mota
el auto

yare

el idioma

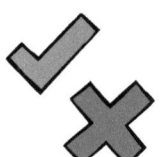

e/a'a

sí / no

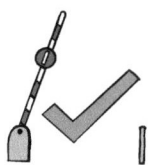

Ya yi

Está bien

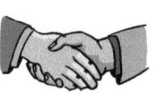

barka dai

hola

mai fassara

el traductor

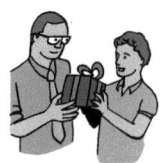

Na gode

Gracias

nawa ne...?

¿cuánto cuesta...?

ban gane ba

No entiendo

matsala

el problema

Barka da yamma!

¡Buenas tardes!

Ina kwana!

¡Buenos días!

barka da dare!

¡Buenas noches!

sai an jima

el adiós

alkibla

la dirección

kaya

el equipaje

jaka

el bolso

jakar goyawa

la mochila

bako

el invitado

daki

la habitación

jakar barci

la bolsa de dormir

tanti

la carpa

bayanin dan yawon bude-ido

la información turística

bakin ruwa

la playa

katin banki

la tarjeta de crédito

karin kumallo

el desayuno

abincin rana

el almuerzo

abincin dare

la cena

tikiti

el pasaje

daga

el ascensor

hatimi

el sello

iyaka

la frontera

kudin fiton kaya

la aduana

ofishin jakadanci

la embajada

biza

la visa

fasfo

el pasaporte

el transporte

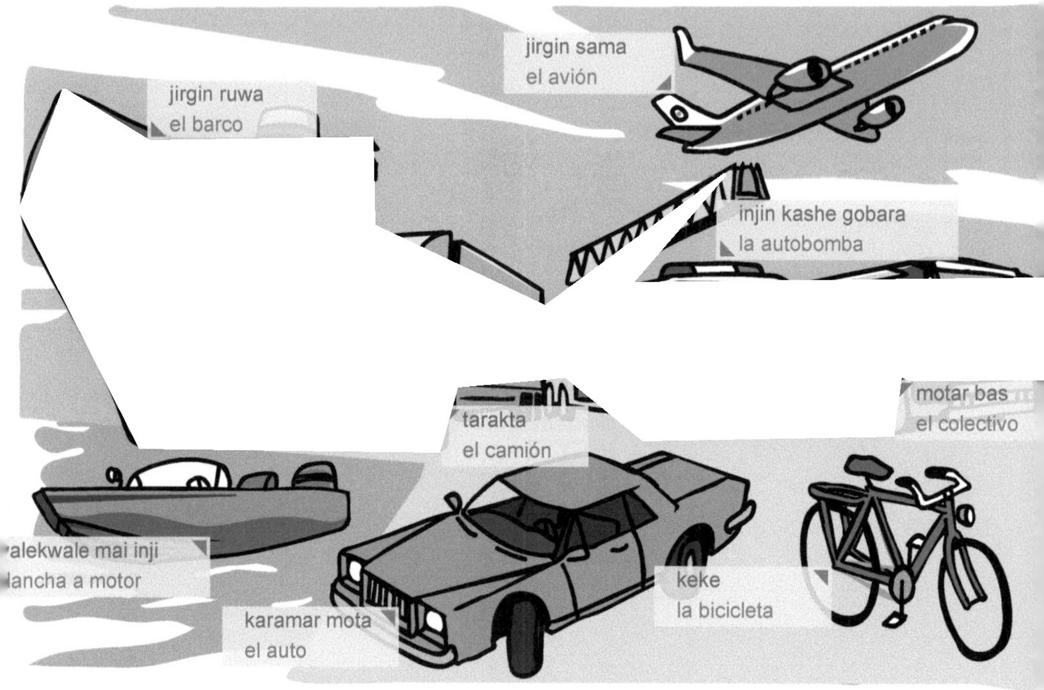
jirgin sama
el avión
jirgin ruwa
el barco
injin kashe gobara
la autobomba
motar bas
el colectivo
tarakta
el camión
'alekwale mai inji
lancha a motor
keke
la bicicleta
karamar mota
el auto

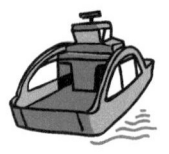

karamin jirgin ruwa

el ferry

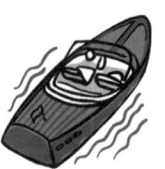

kwalekwale

el bote

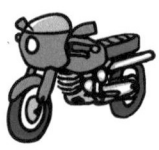

babur

la moto

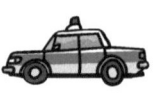

motar 'yansanda

el patrullero

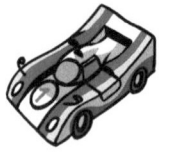

motar tsere

el auto de carreras

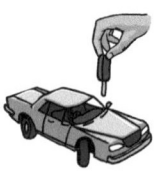

motar haya

el auto de alquiler

tarayyar karamar mota

el alquiler de autos

babbar mota da ta lalace

la grúa

motar shara

el camión de la basura

mota

el motor

mai

la nafta

gidan mai

la estación de servicio

alamar titi

la señal de tránsito

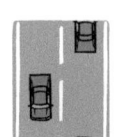

zirga-zirga

el tránsito

cunkoson ababen hawa

el embotellamiento

wurin ajiye mota

el estacionamiento

tashar jirgin kasa

la estación de tren

filin tsere

las vías

jirgin kasa

el tren

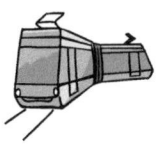

jirgin kasa mai kyabil

el tranvía

keken doki

el vagón

helikwafta

el helicóptero

filin jirgin sama

el aeropuerto

hasumiya

la torre

fasinja

el pasajero

mazubi

el contenedor

kwali

la caja de cartón

amalanke

la carretilla

kwando

la canasta

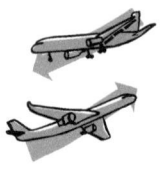

tashi / sauka

despegar / aterrizar

la ciudad

kauye

el pueblo

tsakiyar birni

el centro de la ciudad

gida

la casa

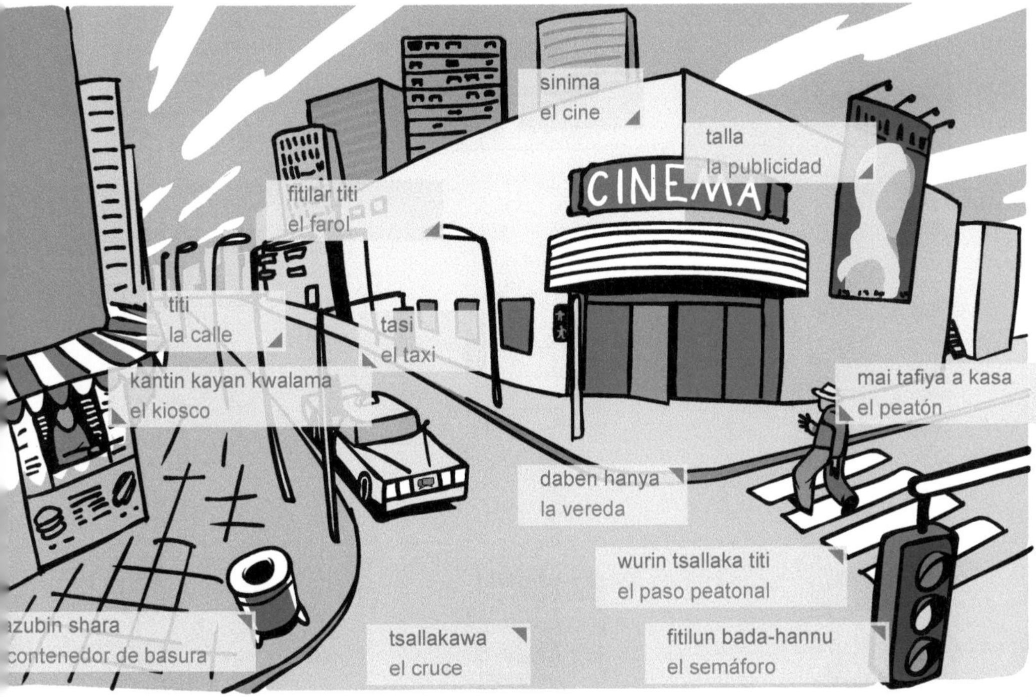

sinima
el cine

talla
la publicidad

fitilar titi
el farol

CINEMA

titi
la calle

tasi
el taxi

kantin kayan kwalama
el kiosco

mai tafiya a kasa
el peatón

daben hanya
la vereda

wurin tsallaka titi
el paso peatonal

azubin shara
contenedor de basura

tsallakawa
el cruce

fitilun bada-hannu
el semáforo

bukka
la cabaña

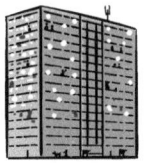

shafaffe
el departamento

tashar jirgin kasa
la estación de tren

dakin taro
la municipalidad

gidan kayan tarihi
el museo

makaranta
el colegio

jami'a

la universidad

banki

el banco

asibiti

el hospital

otal

el hotel

kantin magani

la farmacia

ofis

la oficina

kantin littattafai

la librería

kanti

el negocio

mai sayar da furanni

la florería

babban kanti

el supermercado

kasuwa

el mercado

kanti mai sassa

las grandes tiendas

shagon sayar da kifi

la pescadería

wurin sayayya

el centro comercial

matsayar jiragen ruwa

el puerto

ma'ajiyar motoci

el parque

benci

el banco

gada

el puente

kafar bene

las escaleras

karkashin kasa

el subte

ramin karkashin kasa

el túnel

matsayar bas

la parada del colectivo

mashaya

el bar

gidan abinci

el restaurante

akwatin sakonni

el buzón

alamar titi

el letrero

mitar ajiye motoci

el parquímetro

gidan namun daji

el zoológico

kwamin iyo

la pileta

masallaci

la mezquita

gona
la granja

gurbata
la contaminación

makabarta
el cementerio

coci
la iglesia

filin wasanni
los juegos infantiles

dakin bauta
el templo

el paisaje

ganye
la hoja

turken alama
el poste indicador

hanya
el camino

makiyaya
la pradera

dutse
la piedra

bishiya
el árbol

mai tattaki
el excursionista

korama
el río

ciyawa
la hierba

fure
la flor

kwazazzabo

el valle

tudu

la montaña

tafki

el lago

daji

el bosque

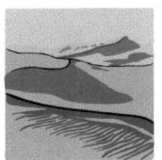

hamada

el desierto

amon dutse

el volcán

fada

el castillo

bakan-gizo

el arco iris

malafar jaki

el champiñón

bishiyar kwakwar manja

la palmera

sauro

el mosquito

kuda

la mosca

tururuwa

la hormiga

zuma

la abeja

gizo

la araña

burgunguma

el escarabajo

kwado

la rana

kurege

la ardilla

bushiya

el erizo

zomo

la liebre

mujiya

la lechuza

tsuntsu

el pájaro

agwagwar ruwa

el cisne

aladen daji

el jabalí

namijin barewa

el ciervo

kanki

el alce

dam

la presa

lantarki mai iska

el aerogenerador

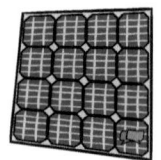

farantin hasken rana

el panel solar

yanayi

el clima

el restaurante

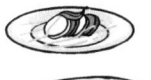

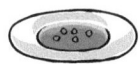

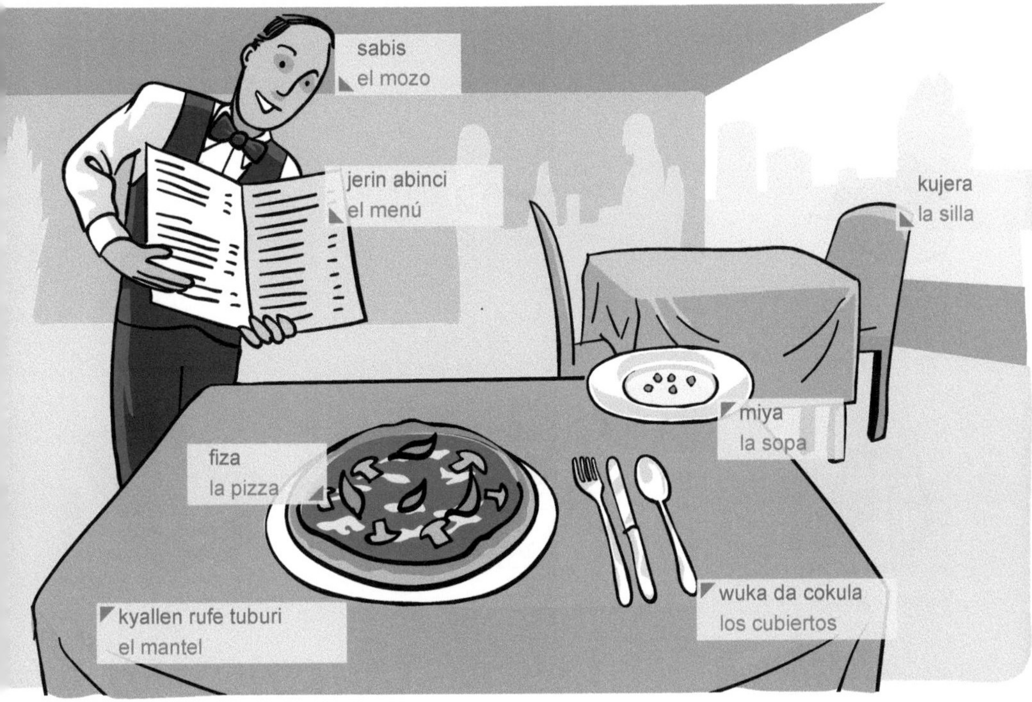
sabis
el mozo
jerin abinci
el menú
kujera
la silla
miya
la sopa
fiza
la pizza
kyallen rufe tuburi
el mantel
wuka da cokula
los cubiertos

makunni

la entrada

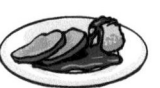

babban abinci

el plato principal

kayan zaki

el postre

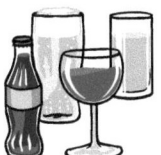

kayan sha

las bebidas

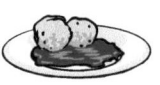

abinci

la comida

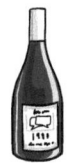

kwalba

la botella

abincin tafi-da-gidanka

la comida rápida

abincin titi

la comida callejera

tukunyar shayi

la tetera

kwanon sikari

la azucarera

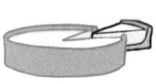

gutsire

la porción

injin hada kofi

la cafetera expreso

kujera mai tudu

la sillita alta

doka

la cuenta

tire

la bandeja

wuka

el cuchillo

cokali mai yatsu

el tenedor

cokali

la cuchara

cokalin shayi

la cucharita

kyallen cin abinci

la servilleta

gilashi

el vaso

faranti
el plato

farantin miya
el plato hondo

farantin kofi
el plato

hadin dandano
la salsa

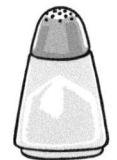

mazubin gishiri
el salero

abin nikan yaji
el molinillo de pimienta

lamurje
el vinagre

mai
el aceite

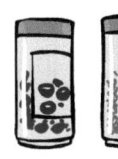

kayan dandano
las especias

miyar tumatir
el kétchup

mustad
la mostaza

mayonnaise
la mayonesa

el supermercado

tayin musamman
la oferta especial
FOR
abokin ciniki
el cliente
matatsar nono
los lácteos
kayan marmari
la fruta
abin daukar kaya
el changuito

BUTCHERS

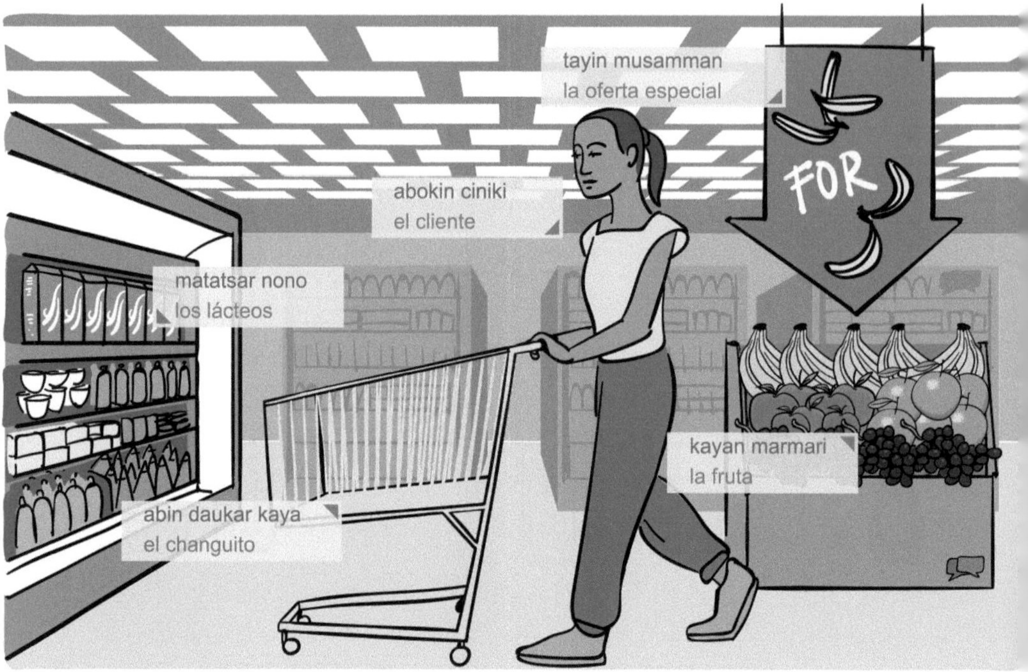

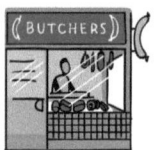

na mahauci

la carnicería

BAKERY

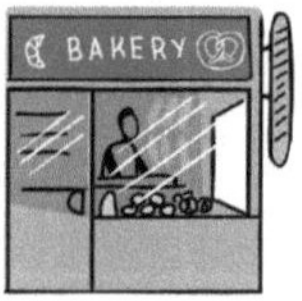

shagon mai burodi

la panadería

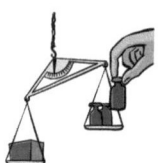

auna nauyi

pesar

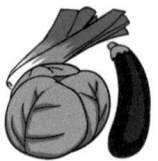

kayan lambu

las verduras

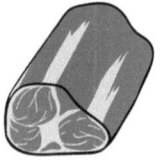

nama

la carne

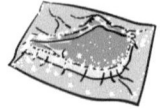

darkararren abinci

los alimentos congelados

nama mai sanyi

los fiambres

abincin gwangwani

los alimentos enlatados

garin sabulun wanki

el detergente en polvo

alewa

las golosinas

kayan amfanin gida

los electrodomésticos

kayan tsafta

los productos de limpieza

mai sayarwa

la vendedora

haro

la caja

mai biyan kudi

el cajero

jerin kayan sayayya

la lista de compras

sa'o'in budewa

el horario de atención

alabe

la billetera

katin banki

la tarjeta de crédito

jaka

la cartera

jakar roba

la bolsa de plástico

ruwa

el agua

ruwan 'ya'yan itace

el jugo

madara

la leche

coke

la bebida cola

barasa

el vino

giya

la cerveza

barasa

el alcohol

koko

el cacao

shayi

el té

kofi

el café

bakin kofi

el café expreso

kofi mai madara

el cappuccino

ayaba

la banana

tufa

la manzana

lemon zaki

la naranja

kankana

el melón

lemon tsami

el limón

karas

la zanahoria

tafarnuwa

el ajo

gora

el bambú

albasa

la cebolla

kunnen-jaki

el champiñón

dangin gyada

las nueces

dangin taliya

los fideos

sufageti

los tallarines

shinkafa

el arroz

man salak

la ensalada

sala-sala

las papas fritas

soyayyen dankali

las papas fritas

fiza

la pizza

hambaga

la hamburguesa

sanwich

el sándwich

kwan nama

el churrasco

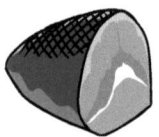

naman alade

el jamón

salami

el salame

kilishin turawa

la salchicha

kaza

el pollo

gashi

el asado

kifi

el pescado

kamun oats

los copos de avena

muesli

el muesli

kwamfiles

los copos de maíz

fulawa

la harina

fanke

la medialuna

yankan burodi

el pancito

burodi

el pan

gashi

la tostada

biskit

las galletitas

bota

la manteca

man shanu

la cuajada

kek

la torta

kwai

el huevo

soyayyen kwai

el huevo frito

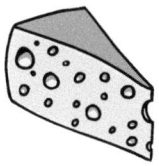

cuku

el queso

askirim

el helado

sikari

el azúcar

zuma

la miel

jam

la mermelada

cakuletin shafawa

la pasta de chocolate

kori

el curry

la granja

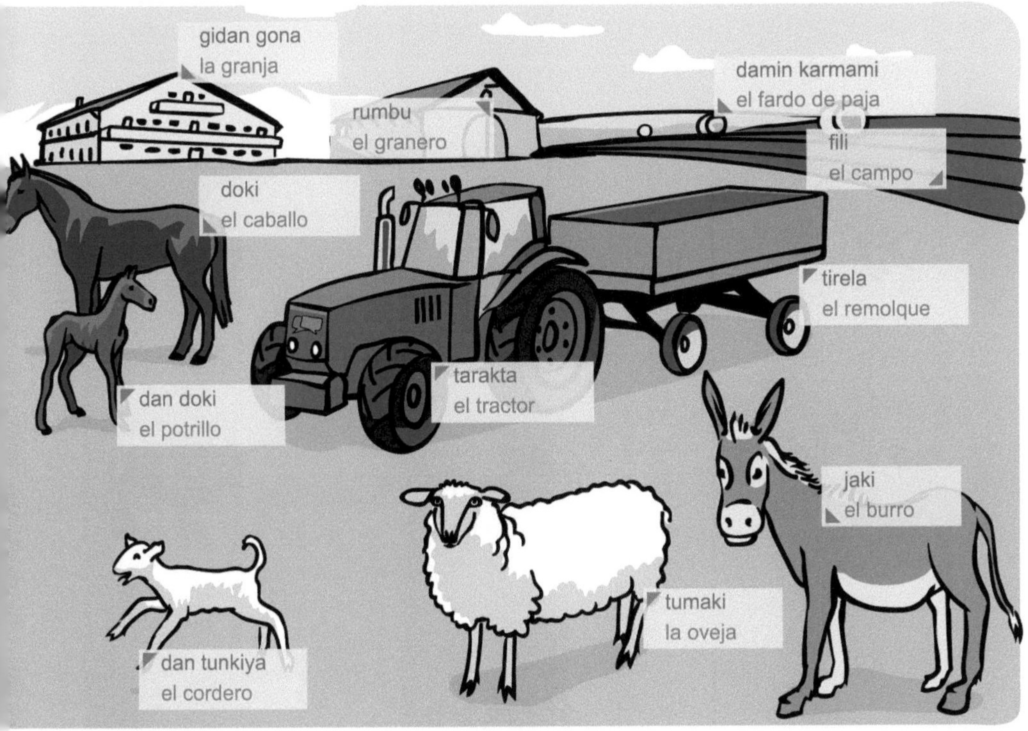
gidan gona
la granja
rumbu
el granero
damin karmami
el fardo de paja
fili
el campo
doki
el caballo
tirela
el remolque
tarakta
el tractor
dan doki
el potrillo
jaki
el burro
tumaki
la oveja
dan tunkiya
el cordero

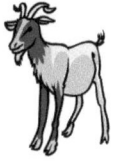

akuya

la cabra

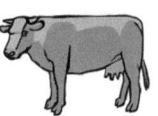

saniya

la vaca

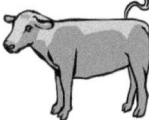

maraki

el ternero

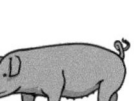

alade

el cerdo

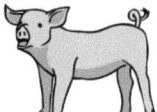

dan alade

el lechón

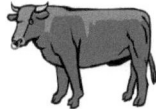

bajimi

el toro

dinya

el ganso

agwagwa

el pato

dan tsako

el pollo

kaza

la gallina

zakara

el gallo

bera

la rata

kyanwa

el gato

bera

el ratón

takarkari

el buey

kare

el perro

dakin kare

la cucha

bututun lambu

la manguera

bokitin ban-ruwa

la regadera

ashasha

la guadaña

garma

el arado

lauje

la hoz

fartanya

la azada

cebur mai yatsu

la horquilla

gatari

el hacha

wilbaro

la carretilla

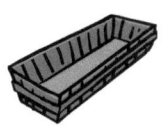

mazubin abincin dabbobi

el abrevadero

gwangwanin madara

la lechera

buhu

la bolsa

shinge

la reja

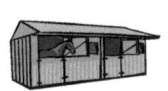

barga

el establo

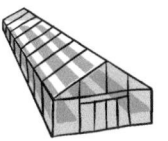

koren-gida

el invernadero

rairai

el suelo

iri

la semilla

taki

el fertilizador

injin girbi da sussuka

la cosechadora

girbe

cosechar

girbi

la cosecha

doya

las batatas

alkama

el trigo

waken soya

la soja

dankali

la papa

dawa

el maíz

furen mai

la semilla de colza

bishiyar kayan marmari

el árbol frutal

rogo

la mandioca

hatsi

los cereales

bututun hayaki
la chimenea

rufin daki
el techo

bututun magudana
el caño de desagüe

taga
la ventana

gareji
el garaje

kofa
la puerta

kwandon shara
el tacho de basura

akwatin wasiku
el buzón

lambu
el jardín

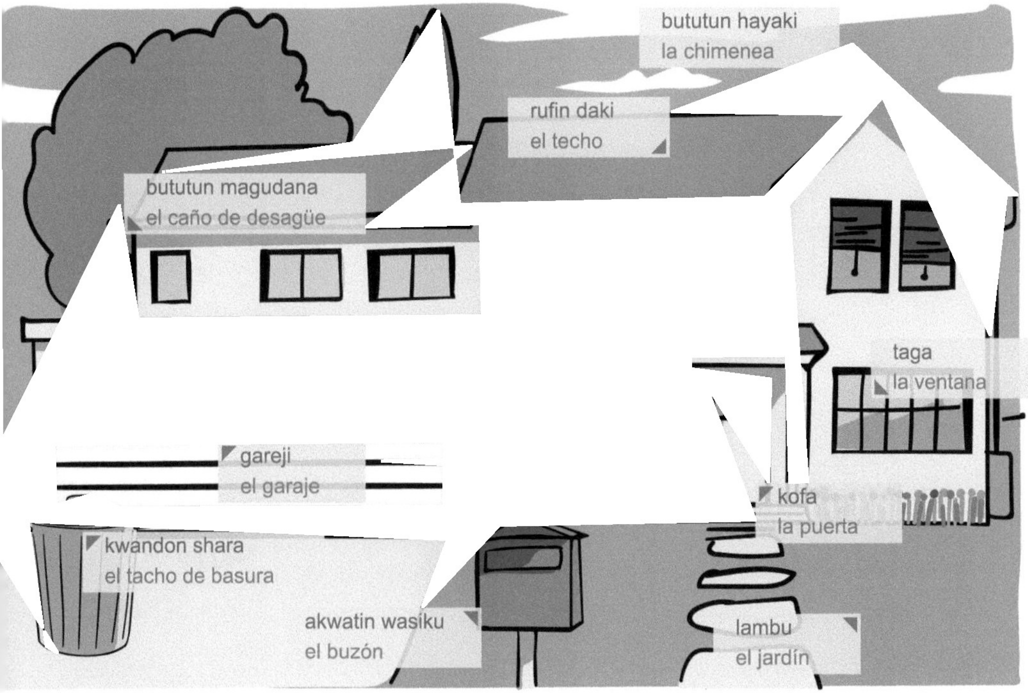

falo
el living

dakin wanka
el baño

kicin
la cocina

dakin kwana
el dormitorio

dakin yaro
el cuarto de los chicos

dakin cin abinci
el comedor

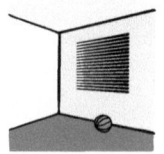

dabe

el piso

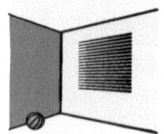

bango

la pared

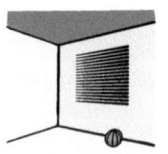

sili

el cielorraso

dakin karkashin kasa

el sótano

wurin wankan dumi

el sauna

barandar bene

el balcón

baranda

la terraza

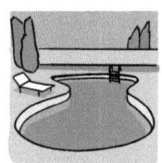

gulbin ninkaya

la pileta

injin yanke ciyawa

la cortadora de pasto

kwano

la sábana

zanen gado

el acolchado

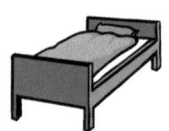

gado

la cama

tsintsiya

la escoba

bokiti

el balde

makunni

el interruptor

takardar bango
el empapelado

hoto
la imagen

fitila
la lámpara

kantar littattafai
el estante

kabed
el armario

wuta
henea

talbijin
la televisión

fure
la flor

kushin
el almohadón

gilashin fure
el florero

babbar kujera
el sofá

rimot
el control remoto

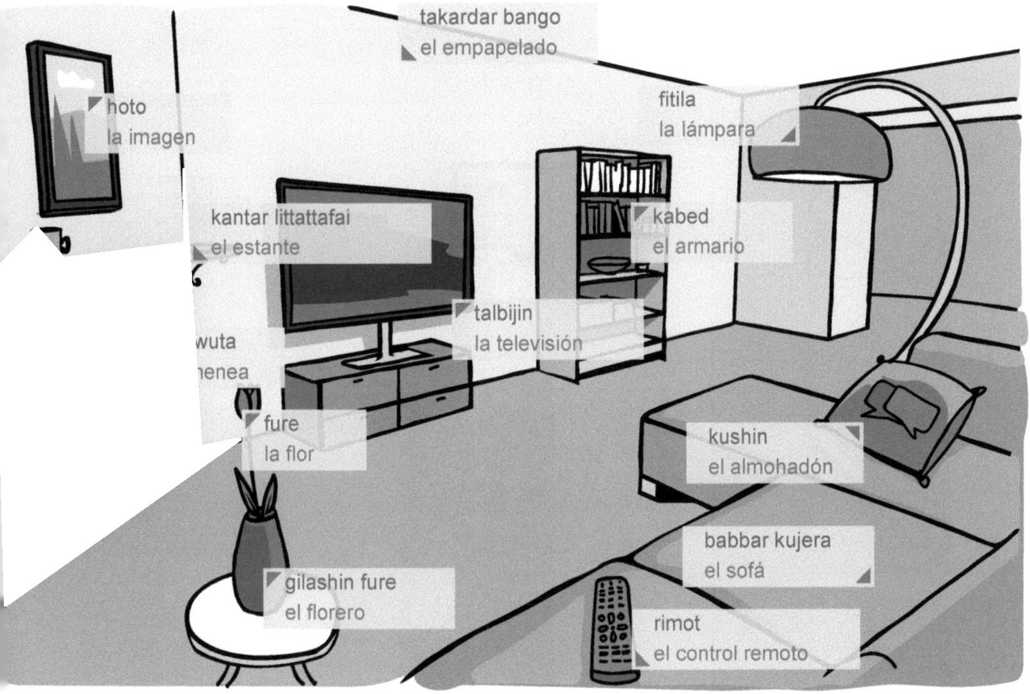

darduma
la alfombra

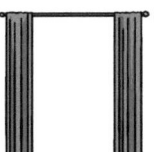

labule
la cortina

teburi
la mesa

kujera
la silla

kujera mai shillo
la mecedora

kujera mai hannu
el sillón

littafi

el libro

bargo

la frazada

kwalliya

la decoración

itacen girki

la leña

fim

la película

kayan hi-fi

el equipo de música

makulli

la llave

jarida

el diario

zanen fenti

la pintura

fasta

el póster

rediyo

la radio

takardar rubutu

el cuaderno

na'urar share darduma

la aspiradora

murtsunguwa

el cactus

kyandir

la vela

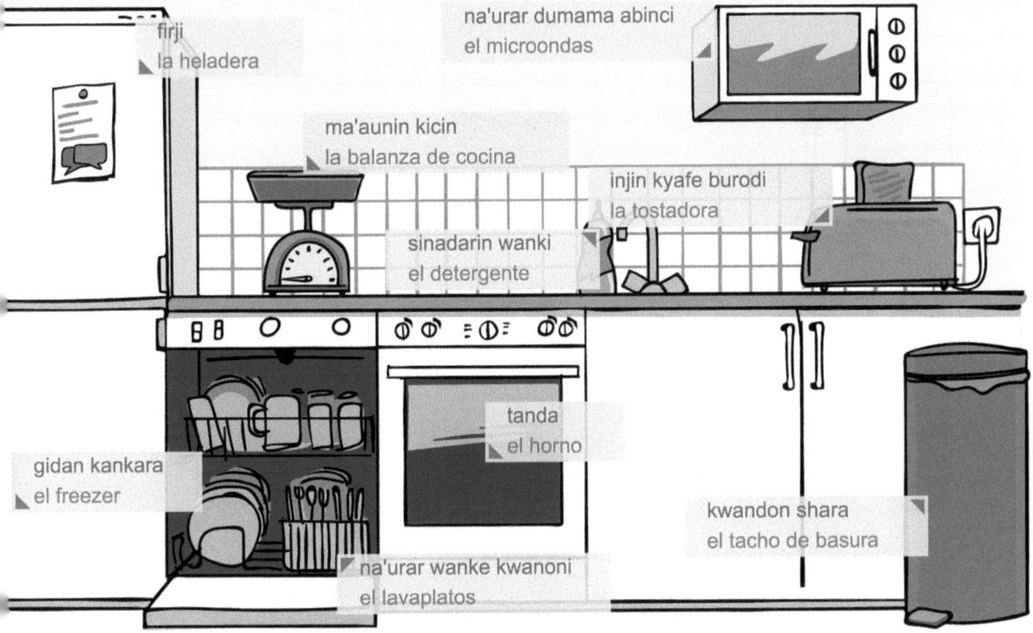

na'urar dumama abinci
el microondas

firji
la heladera

ma'aunin kicin
la balanza de cocina

injin kyafe burodi
la tostadora

sinadarin wanki
el detergente

tanda
el horno

gidan kankara
el freezer

kwandon shara
el tacho de basura

na'urar wanke kwanoni
el lavaplatos

cooker
la cocina

tukunya
la olla

tukunyar alminiyum
la olla de hierro fundido

kwanon suya
el wok

kwanan suya
la sartén

buta
la pava

tukunyar dumi

la vaporera

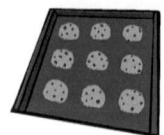

kwanan gashi

la bandeja de horno

kayan tangaran

la vajilla

tambulan

la taza

kwano

el bol

tsinkayen cin abinci

los palitos

ludayi

el cucharón

ludayin suya

la espátula

makadin kwai

la batidora

rariya

el colador

mataci

el colador

na'urar nika

el rallador

turmi

el mortero

balangu

la parrilla

wutar sarari

la fogata

katakon yanke-yanke

la tabla de picar

katakon murji

el palo de amasar

mabudin kwalba

el sacacorchos

gwangwani

la lata

mabudin gwangwani

el abrelatas

hannun tukunya

la manopla

wurin wanke-wanke

la pileta

burushi

el cepillo

soso

la esponja

bilenda

la batidora

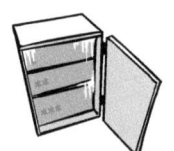

babban gidan kankara

el congelador

bulumboti

la mamadera

famfo

la canilla

kicin - la cocina 37

el baño

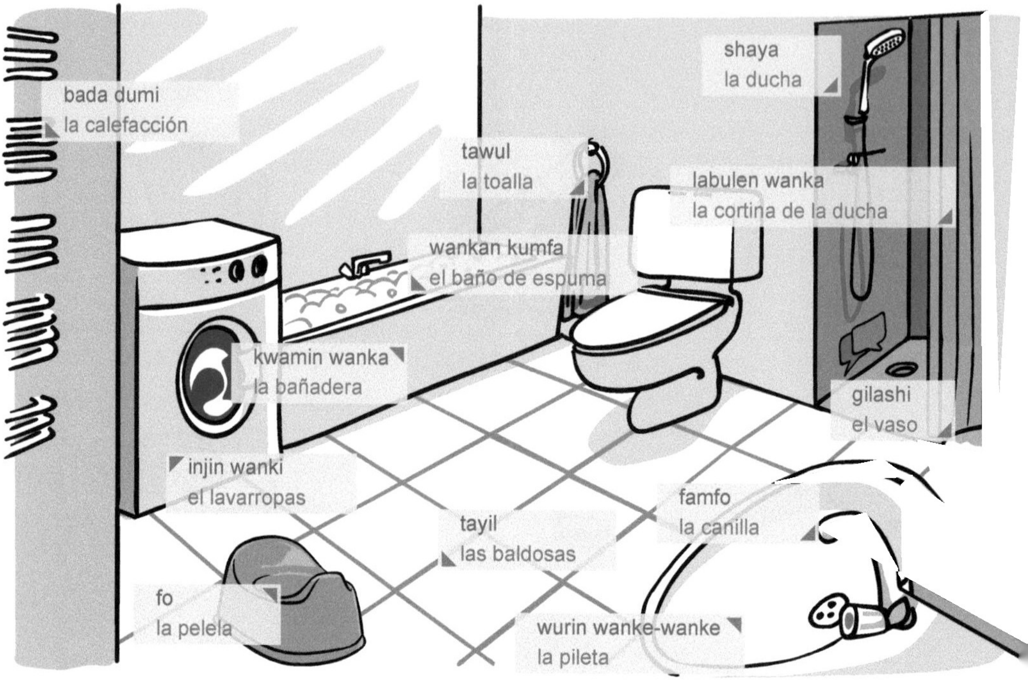

shaya
la ducha

bada dumi
la calefacción

tawul
la toalla

labulen wanka
la cortina de la ducha

wankan kumfa
el baño de espuma

kwamin wanka
la bañadera

gilashi
el vaso

injin wanki
el lavarropas

tayil
las baldosas

famfo
la canilla

fo
la pelela

wurin wanke-wanke
la pileta

bandaki

el inodoro

bandakin tsuguno

la letrina

kwamin tsarki

el bidé

wurin fitsari

el mingitorio

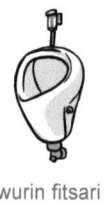

takardar bandaki

el papel higiénico

burushin bandaki

el cepillo para el inodoro

38   **dakin wanka - el baño**

burushin hakori

el cepillo de dientes

man hakori

el dentífrico

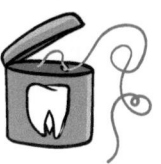

zaren sakace

el hilo dental

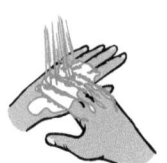

wanke

lavar

shayar hannu

la ducha de mano

wankin farji

la ducha higiénica

kwamin wanke hannu

la palangana

burushin wanke baya

el cepillo para la espalda

sabulu

el jabón

ruwan sabulun wanka

el gel de ducha

man gyaran gashi

el shampoo

tsumman wanka

la toallita

lambatu

el desagüe

kirim

la crema

turaren kamshi

el desodorante

madubi

el espejo

madubin hannu

el espejito

reza

la maquinita de afeitar

man yaran fuska

la espuma de afeitar

man aski

el aftershave

mataji

el peine

burushi

el cepillo

na'urar busar da gashi

el secador de pelo

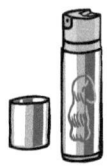

man gashi

el spray

kwalliya

el maquillaje

jan-baki

el lápiz de labios

man farce

el esmalte para uñas

audugar goge kunne

el algodón

almakashin yankan farce

la tijera para uñas

turare

el perfume

jakar wanka

el portacosméticos

bahaya

la banqueta

ma'aunin nauyi

la balanza

rigar wanka

la bata

safar roba

los guantes de goma

audugar haila

el tampón

audugar mata

la toallita femenina

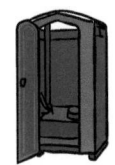

bandakin tafi-da-gidanka

el baño químico

el cuarto de los chicos

agogo mai kararrawa
el despertador
yartsanar tsumma
el peluche
motar wasan yara
el coche de juguete
kara
el sonajero
gidan 'yartsana
la casa de muñecas
kyauta
el regalo

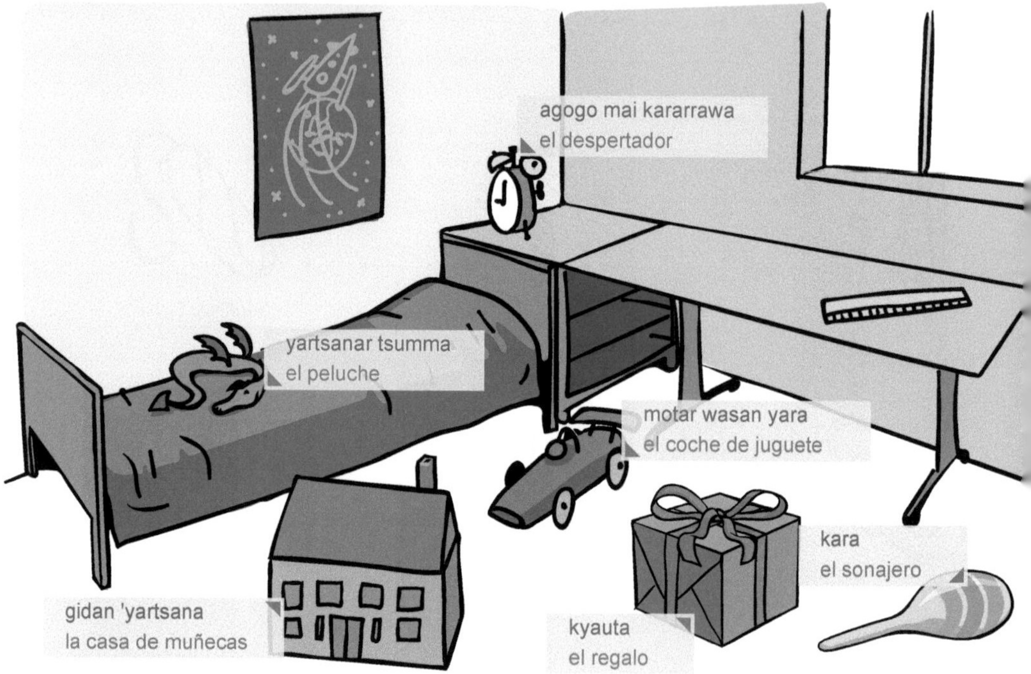

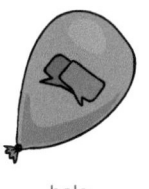

balo

el globo

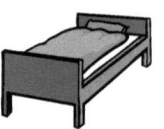

gado

la cama

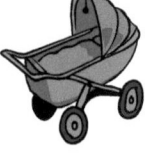

keken jarirai

el cochecito

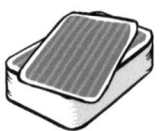

benen kwalaye

las cartas

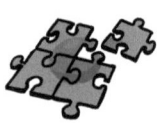

wasa kwakwalwa

el rompecabezas

SUPER
MEGA

ban dariya

la historieta

tubalan roba

las piezas de lego

tubalan gini

los ladrillos de juguete

mutum-mai-aiki

la figura de acción

rigar jariri

el enterito (de bebé)

Dokin iska

el frisbee

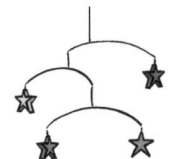

tafi-da-gidanka

el móvil para bebés

wasan dara

el juego de mesa

dan ludo

los dados

zubin kwatancin jirgin kasa

el tren eléctrico

mutum-mutumi

el chupete

walima

la fiesta

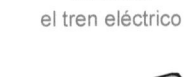

littafi mai hotuna

el libro de cuentos ilustrado

kwallo

la pelota

yartsana

la muñeca

yi wasa

jugar

akwatin yashi

el arenero

lilo

la hamaca

kayan wasan yara

los juguetes

allon wasannin bidiyo

la consola de videojuegos

babur mai taya uku

el triciclo

yartsanar tsumma

el osito de peluche

wadirob

el armario

la ropa

safa

las medias

sitokins

las medias panty

matse-jiki

las calzas

adiko
la bufanda

lema
el paraguas

belet
el cinturón

t-shat
la remera

takalman aiki
las botas

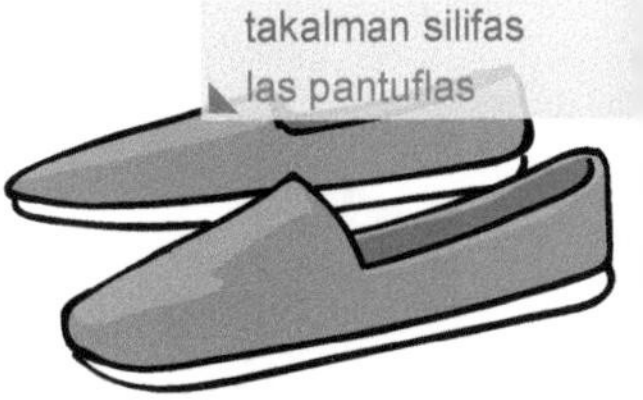

takalman silifas
las pantuflas

takalman wasa
las zapatillas

takalman sandal
....
las sandalias

takalma
....
los zapatos

takalman roba
....
las botas de goma

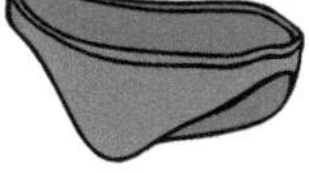

kamfai
....
la ropa interior

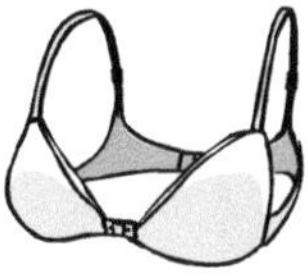

rigar nono
....
el corpiño

falmaran
....
el chaleco

jiki

el body

wando

los pantalones

jeans

los jeans

dantofi

la pollera

rigar mata

la blusa

karamar riga

la camisa

riga mai hula

el pulóver

hular riga

el buzo

bileza

el blazer

jaket

la campera

kwat

el tapado

rigar ruwa

el piloto

kayan yayi

el traje

kayan sawa

el vestido

rigar aure

el vestido de novia

kwat da wando

el traje

rigar dare

el camisón

kayan barci

el pijama

sari

el sari

dankwali

el pañuelo para la cabeza

rawani

el turbante

hijabi

la burka

kaftani

el caftán

abaya

la abaya

rigar iyo

el traje de baño

wandon wasa

el short de baño

gajeran wando

los shorts

kayan wasanni

el jogging

kyallen aiki

el delantal

safar hannu

los guantes

maballi

el botón

tabarau

los anteojos

awarwaro

la pulsera

tsakiya

el collar

zobe

el anillo

dan kunne

el aro

hula

la gorra

maratayin kwat

la percha

malafa

el sombrero

lakataya

la corbata

zi

el cierre

hular kwano

el casco

masu daidaita hakori

los tiradores

kayan makaranta

el uniforme escolar

yunifom

el uniforme

kyallen cin abincin jariri

el babero

mutum-mutumi

el chupete

kunzugu

el pañal

la oficina

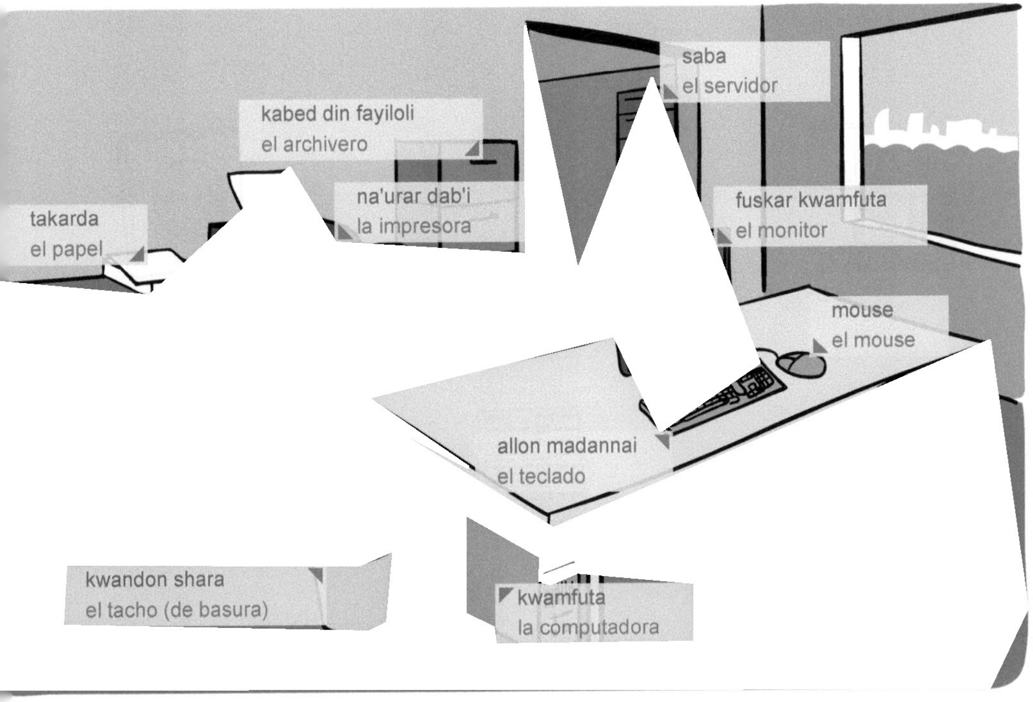

saba
el servidor

kabed din fayiloli
el archivero

na'urar dab'i
la impresora

fuskar kwamfuta
el monitor

takarda
el papel

mouse
el mouse

allon madannai
el teclado

kwandon shara
el tacho (de basura)

kwamfuta
la computadora

tambulan kofi

la taza de café

kwakuleta

la calculadora

intanet

el internet

laptop
la laptop

wasika
la carta

sako
el mensaje

tafi-da-gidanka
el celular

sadarwa
la red

na'urar hoton takarda
la fotocopiadora

kwakwalwar kwamfuta
el software

tarho
el teléfono

jona soket
el tomacorriente

na'urar faks
el fax

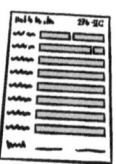

fom
el formulario

daftari
el documento

sayi

comprar

biya

pagar

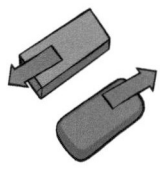

yi ciniki

hacer negocios

kudi

el dinero

USD

dala

el dólar

EUR

euro

el euro

JPY

yen

el yen

RUB

robul

el rublo

CHF

franc na Swiss

el franco suizo

CNY

renminbi yuan

el yuan

INR

rupee

la rupia

injin bada kudi

el cajero automático

gidan canjin kudi

la casa de cambio

zinare

el oro

azurfa

la plata

mai

el petróleo

makamashi

la energía

farashi

el precio

matuntuba

el contrato

haraji

el impuesto

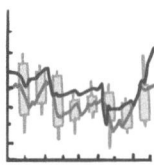

kaya

la acción

yi aiki

trabajar

ma'aikaci

el empleado

mai daukar ma'aikata

el empleador

masana'anta

la fábrica

kanti

el negocio

las ocupaciones

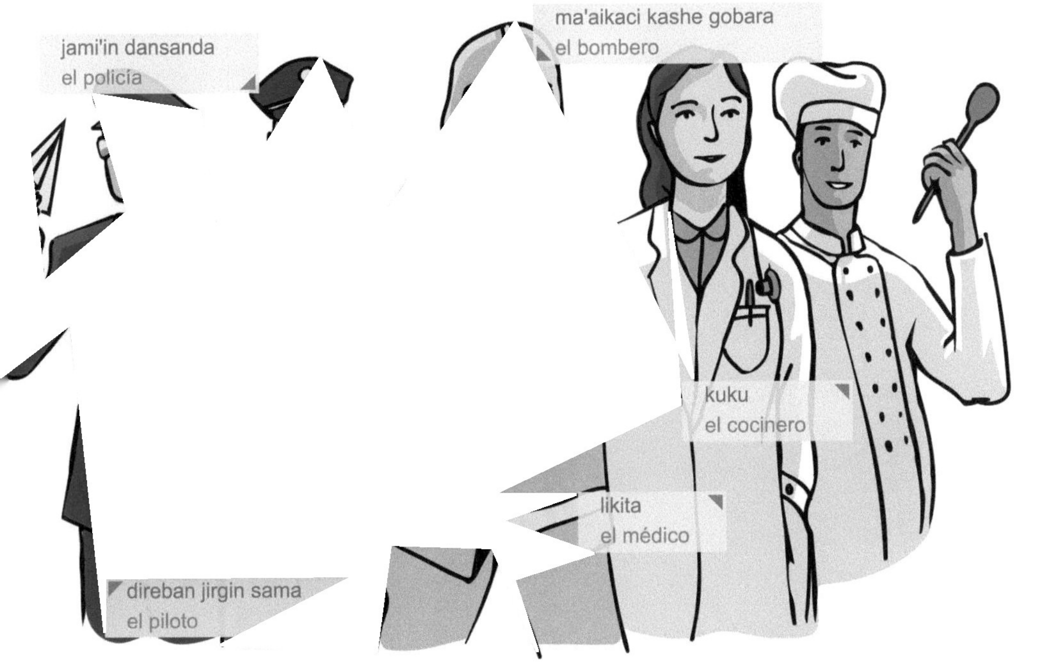

jami'in dansanda
el policía
ma'aikaci kashe gobara
el bombero
kuku
el cocinero
likita
el médico
direban jirgin sama
el piloto

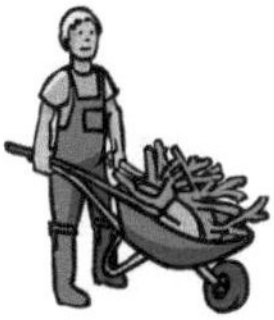

mai aikin lambu

el jardinero

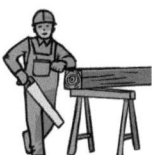

kafinta

el carpintero

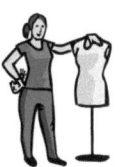

mace mai dinki

la modista

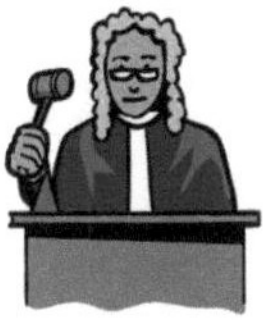

alkali

el juez

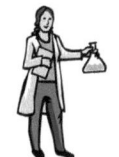

mai hada magunguna

el farmacéutico

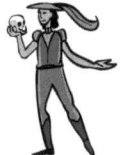

jarumi

el actor

direban bas

el colectivero

direban tasi

el taxista

masunci

el pescador

mace mai shara

la mucama

mai aikin rufi

el techista

sabis

el mozo

mafarauci

el cazador

mai fenti

el pintor

mai yin burodi

el panadero

mai gyaran lantarki

el electricista

magini

el albañil

injiniya

el ingeniero

mahauci

el carnicero

mai gyaran famfo

el plomero

mai raba wasiku

el cartero

soja

el soldado

mai zayyanar gidaje

el arquitecto

mai biyan kudi

el cajero

mai sayar da furanni

el florista

mai gyaran gashi

el peluquero

mai kida

el cobrador

bakanike

el mecánico

kyaftin

el capitán

likitan hakori

el dentista

masanin kimiyya

el científico

limamin yahudu

el rabino

liman

el imán

mai ibadar kirista

el monje

malamin addini

el sacerdote

las herramientas

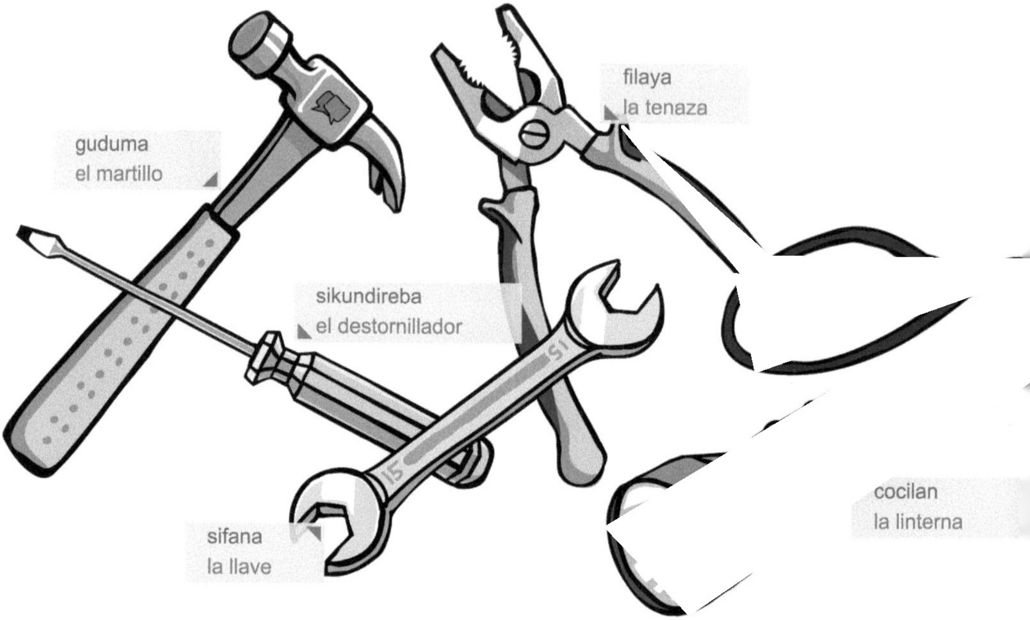
filaya
la tenaza
guduma
el martillo
sikundireba
el destornillador
sifana
la llave
cocilan
la linterna

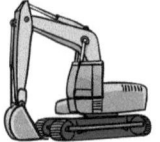

diga

la excavadora

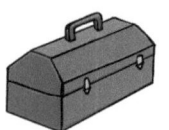

akwatin kayan aiki

la caja de herramientas

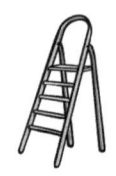

tsani

la escalera portátil

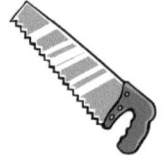

zarto

la sierra

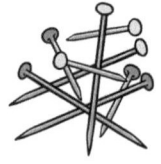

kusoshi

los clavos

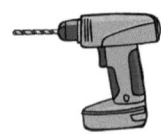

abin hudawa

el taladro

gyara

arreglar

chebur

la pala de jardín

Tafdi!

¡Qué bronca!

makwashin shara

la pala de plástico

tukunyar fenti

el tacho de pintura

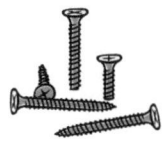

kusoshi masu barima

los tornillos

los instrumentos musicales

tarkacen ganga
la batería

lasifika
el parlante

jita
la guitarra

rubin sauti
el contrabajo

begila
la trompeta

fiyano
....
el piano

goge
....
el violín

karamin sauti
....
el bajo

gangunan timpani
....
los timbales

ganguna
....
el tambor

masarrafin fiyano
....
el teclado

saxophone
....
el saxofón

sarewa
....
la flauta

makirfo
....
el micrófono

el zoológico

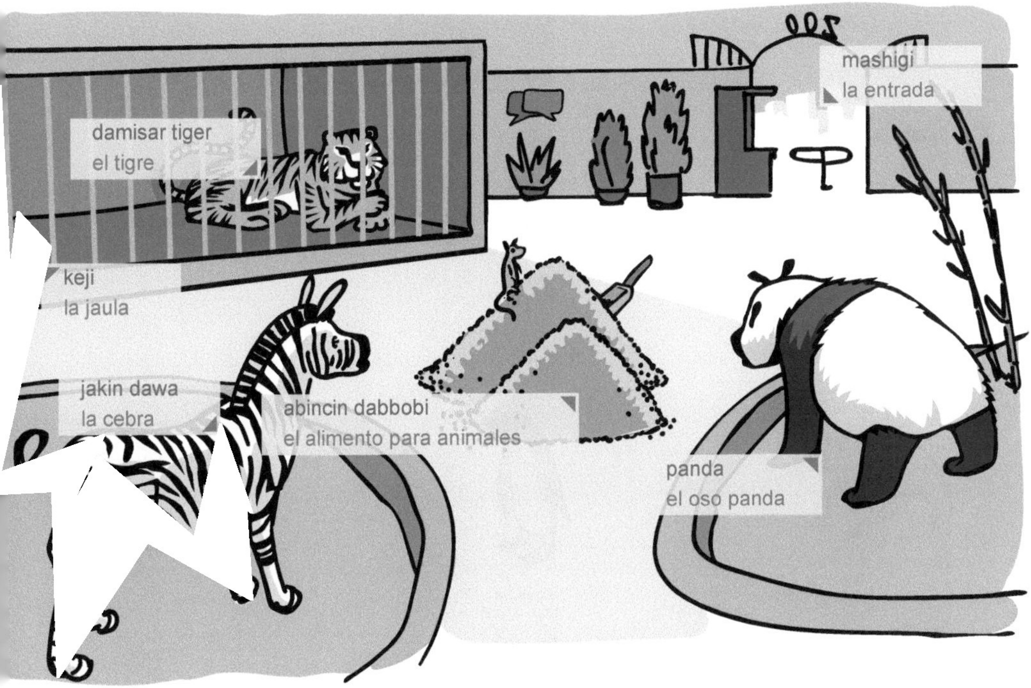

damisar tiger
el tigre
mashigi
la entrada
keji
la jaula
jakin dawa
la cebra
abincin dabbobi
el alimento para animales
panda
el oso panda

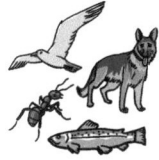

dabbobi

los animales

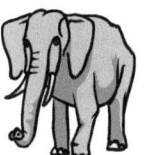

giwa

el elefante

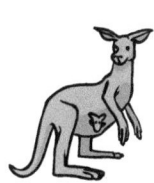

babba-da-jaka

el canguro

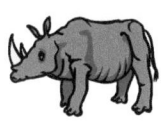

karkanda

el rinoceronte

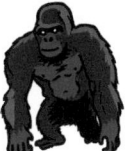

goggon biri

el gorila

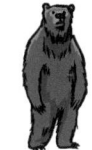

dabbar bear

el oso

rakumi

el camello

jimina

el avestruz

zaki

el león

biri

el mono

dinya

el flamenco

aku

el loro

bear ta yankin kankara

el oso polar

penguin

el pingüino

kifin shark

el tiburón

dawisu

el pavo real

maciji

la serpiente

kada

el cocodrilo

mai tsaro zu

el cuidador del zoológico

seal

la foca

damisar jaguar

el jaguar

dukushi

el poni

damisar leopard

el leopardo

mugun dawa

el hipopótamo

rakumin dawa

la jirafa

mikiya

el águila

aladen daji

el jabalí

kifi

el pescado

kunkuru

la tortuga

walrus

la morsa

dila

el zorro

barewa

la gacela

kwallon kafar Amurka
el fútbol americano

tseren keke
el ciclismo

wasan tennis
el tenis

kwallon kwando
el básquet

ninkaya
la natación

kwallon gora na cikin ka
el hockey sobre hielo

dambe
el boxeo

kwallon kafa
el fútbol

badiminton
el bádminton

wasannin motsa jiki
el atletismo

kwallon hannu
el handball

wasan kan kankara
el esquí

kwallon dawaki
el polo

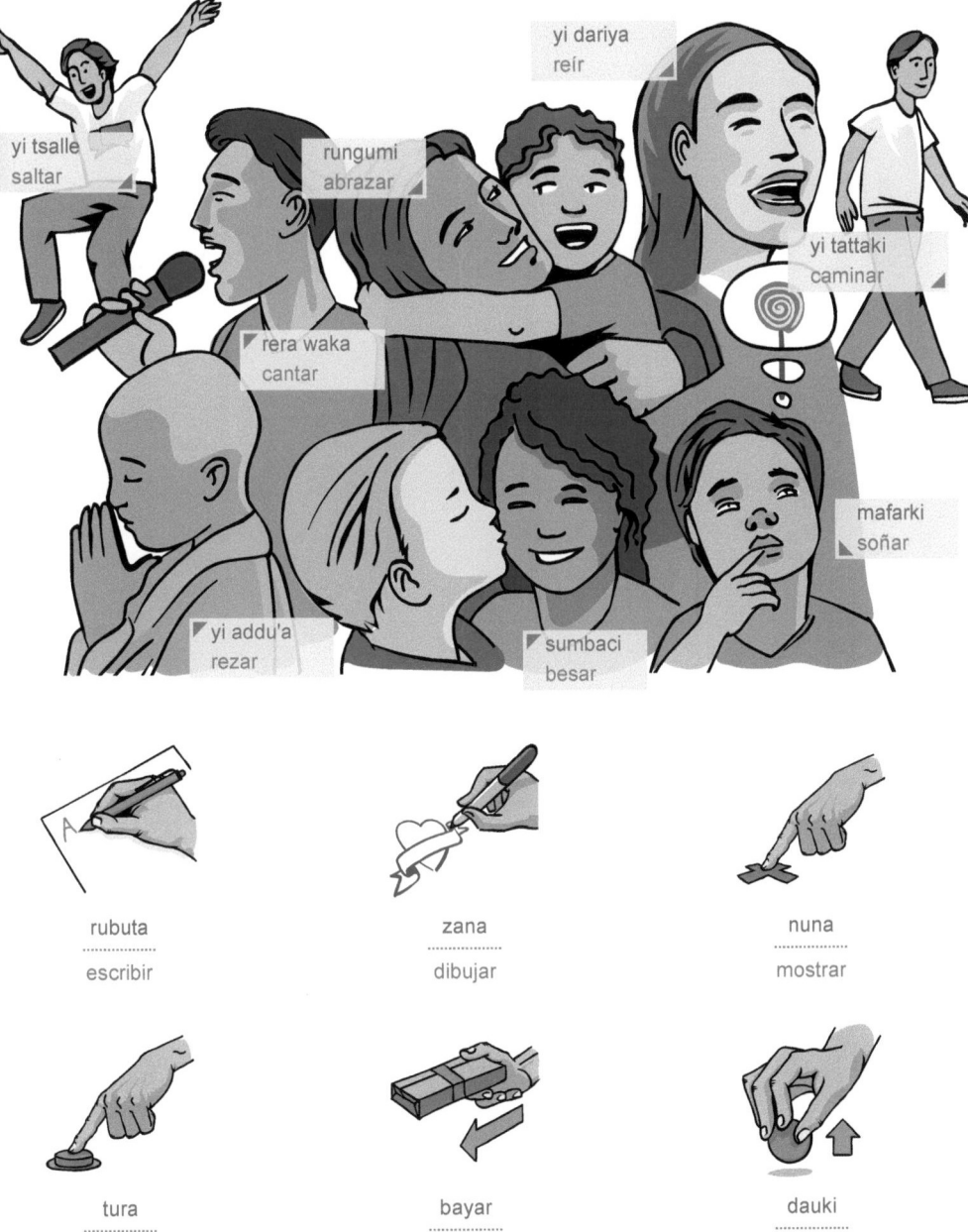

yi dariya
reír

yi tsalle
saltar

rungumi
abrazar

yi tattaki
caminar

rera waka
cantar

mafarki
soñar

yi addu'a
rezar

sumbaci
besar

rubuta	zana	nuna
escribir	dibujar	mostrar
tura	bayar	dauki
presionar	dar	tomar

sami

tener

yi

hacer

kasance

ser

tsaya

estar parado

gudu

correr

jawo

tirar

jefa

tirar

faduwa

caer

yi karya

estar acostado

jira

esperar

dauki

llevar

zauna

estar sentado

sanya tufafi

vestirse

yi barci

dormir

farka

despertar

kalli

mirar

kuka

llorar

bugi

acariciar

taje

peinar

yi magana

hablar

fahimci

entender

tambayi

preguntar

saurari

escuchar

sha

beber

ci

comer

tattare

ordenar

yi soyayya

amar

dafa

cocinar

yi tuki

manejar

tashi

volar

tafi a kwalekwale

navegar

kwakuleta

calcular

karanta

leer

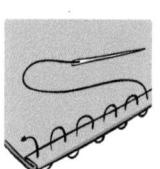

koyi

aprender

yi aiki

trabajar

yi aure

casarse

dinka

coser

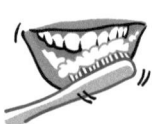

goge hakora

cepillarse los dientes

kashe

matar

busa taba

fumar

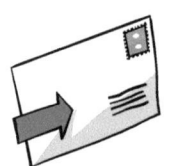

aika

enviar

kaka mace
la abuela

kaka namiji
el abuelo

uba
el padre

uwa
la madre

jariri
el bebé

ya
la hija

da
el hijo

bako

el invitado

gwaggo

la tía

kawu

el tío

dan'uwa

el hermano

yar'uwa

la hermana

el cuerpo

goshi
la frente
ido
el ojo
kafada
el hombro
yatsa
el dedo
fuska
la cara
ha'ba
la pera
hannu
la mano
kafa
la pierna
nono
el pecho
damtse
el brazo

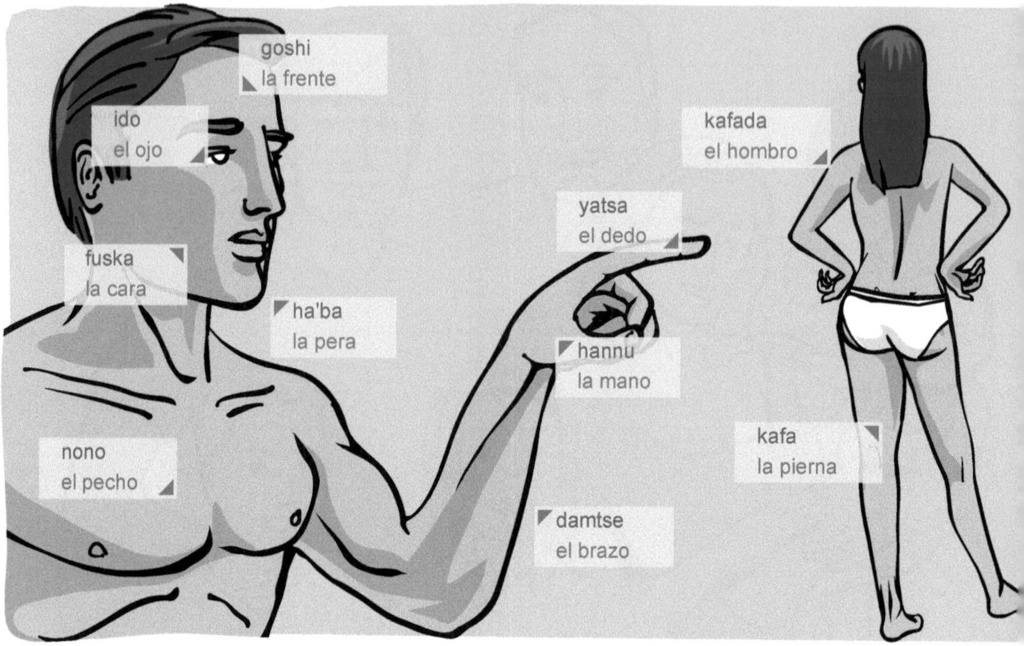

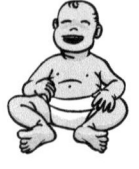

jariri
el bebé

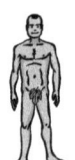

mutum
el hombre

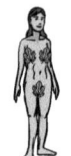

mace
la mujer

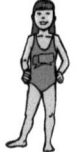

yarinya
la nena

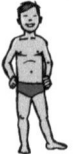

yaro
el nene

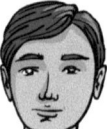

kai
la cabeza

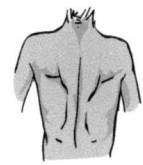

baya

la espalda

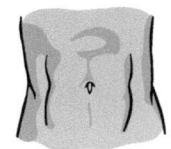

tulun ciki

la panza

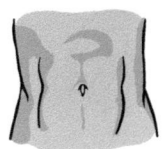

maballin ciki

el ombligo

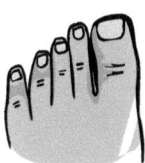

yatsan kafa

el dedo del pie

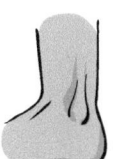

dudduge

el talón

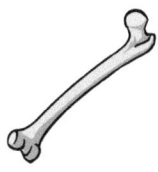

kashi

el hueso

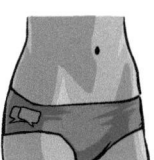

kugu

la cadera

guiwa

la rodilla

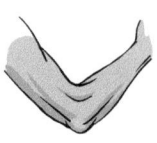

guiwar hannu

el codo

hanci

la nariz

kasa

la cola

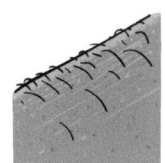

fata

la piel

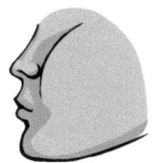

kumatu

el cachete

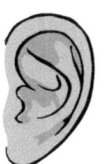

kunne

la oreja

lebe

el labio

wata

la boca

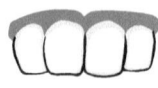

hakori

el diente

harshe

la lengua

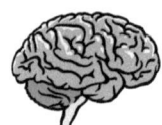

kwakwalwa

el cerebro

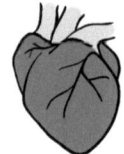

zuciya

el corazón

kwanji

el músculo

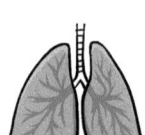

huhu

el pulmón

hanta

el hígado

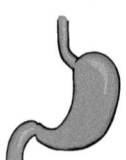

ciki

el estómago

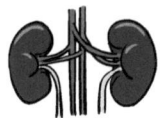

koda

los riñones

jima'i

el sexo

kwaroron roba

el preservativo

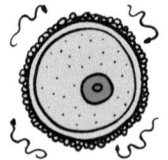

kwan mahaifa

el óvulo

maniyyi

el semen

juna-biyu

el embarazo

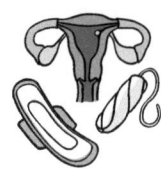

haila

la menstruación

farji

la vagina

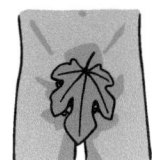

zakari

el pene

gira

la ceja

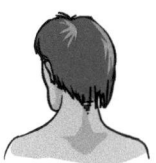

gashi

el pelo

wuya

el cuello

el hospital

asibiti
el hospital
uragu
e ruedas
karaya
la fractura

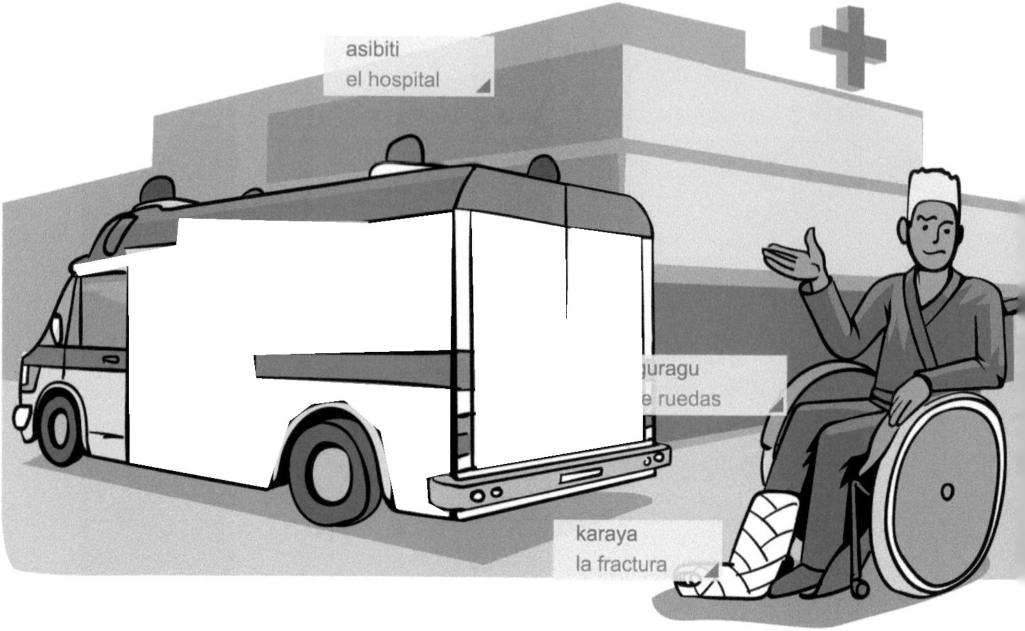

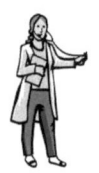

likita

el médico

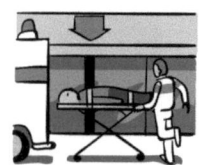

dakin kulawar gaggawa

la sala de guardia

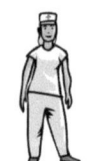

ma'aikaciyar jinya

la enfermera

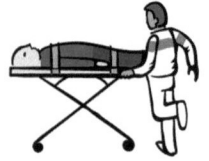

na gaggawa

la emergencia

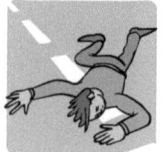

magashiyyan

inconsciente

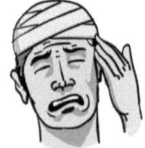

radadi

el dolor

rauni

la lesión

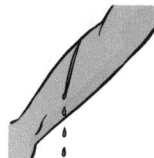

zubar jini

la hemorragia

bugun zuciya

el infarto

bugun jini

el ACV

kyan-jiki

la alergia

tari

la tos

zazzabi

la fiebre

mura

la gripe

gudawa

la diarrea

ciwon kai

el dolor de cabeza

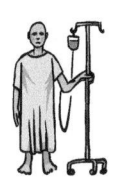

cutar sankara

el cáncer

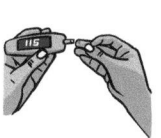

ciwon suga

la diabetes

likitan tiyata

el cirujano

wukar likita

el bisturí

tiyata

la operación

CT
la TC

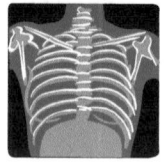

hoton kirji
los rayos x

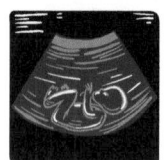

hoton ciki
la ecografía

marufin fuska
el barbijo

cuta
la enfermedad

dakin jira
la sala de espera

madogari
la muleta

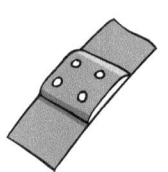

filasta
la curita

bandeji
la venda

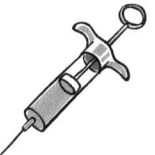

allura
la inyección

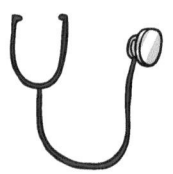

na'urar awon zuciya
el estetoscopio

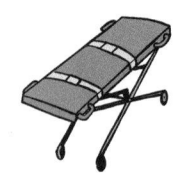

gadon daukar marar lafiya
la camilla

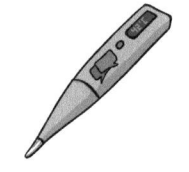

na'urar auna zafin jiki
el termómetro

haihuwa
el nacimiento

yawan nauyi
el sobrepeso

abin kara ji

el audífono

sinadarin kashe kwayoyin cuta

el desinfectante

kamuwar cuta

la infección

kwayar cuta

el virus

Cutar Kanjamau

el VIH / SIDA

magani

el remedio

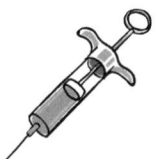

riga-kafi

la vacunación

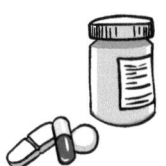

kwayoyin magani

los comprimidos

magani

la pastilla anticonceptiva

kiran gaggawa

la llamada de emergencia

ma'aunin hawan jini

el tensiómetro

cuta / lafiya

enfermo / sano

Taimako!	 kararrawa	 farmaki
¡Ayuda!	la alarma	la agresión

 hari	 hatsari	 kofar ko-takwana
el ataque	el peligro	la salida de emergencia

Wuta!	 abin kashe wuta	 hadari
¡Fuego!	el matafuego	el accidente

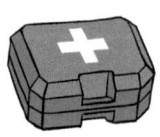 kayan taimakon gaggawa	 Neman taimako	 dansanda
el botiquín de primeros auxilios	el SOS	la policía

Turai

Europa

Amurka ta Arewa

América del Norte

Amurka ta Kudu

América del Sur

Afirka

África

Asiya

Asia

Australia

Australia

Atlantika

el Atlántico

Pacific

el Pacífico

Tekun Indiya

el Océano Índico

Tekun Antatika

el Océano Antártico

Tekun Arctic

el Océano Ártico

Barin duniya na Arewa

el polo norte

Barin duniya na Kudu

el polo sur

Antatika

la Antártida

Kasa

la Tierra

tsandauri

la tierra

kogi

el mar

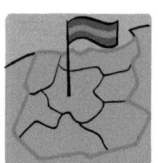

tsibiri

la isla

kasa

la nación

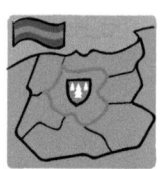

jiha

el estado

fuskar agogo

la esfera

hannun awa

la manecilla de las horas

hannun mintuna

el minutero

hannun dakika

el segundero

Karfe nawa yanzu?

¿Qué hora es?

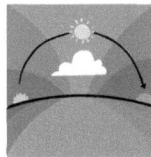

rana

el día

lokaci

la hora

yanzu

ahora

agogon dijita

el reloj digital

minti

el minuto

awa

la hora

Litinin
lunes

Laraba
miércoles

Juma'a
viernes

Talata
martes

Asabar
sábado

Alhamis
jueves

Lahadi
domingo

jiya
ayer

yau
hoy

gobe
mañana

safiya
la mañana

tsakar rana
el mediodía

yamma
la tarde

ranakun kasuwanci
los días hábiles

karshen mako
el fin de semana

el año

ruwan sama
la lluvia
bakan-gizo
el arco iris
dusar kankara
la nieve
iska
el viento
damina
la primavera
Kaka
el otoño
bazara
el verano
lokacin sanyi
el invierno

4.APRIL 11°
5.APRIL 4°
6.APRIL 13°
7.APRIL 8°
8.APRIL 10°

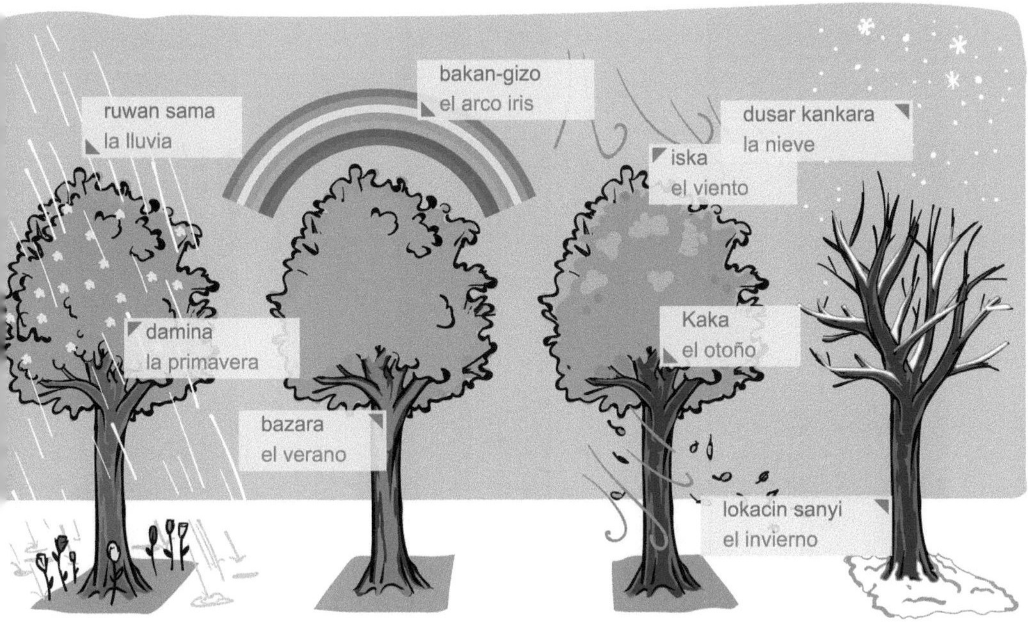

hasashen yanayi

el pronóstico meteorológico

F
C
120
90
60
30
0
-30
40
30
20
10
0
-10
-20

na'urar gwajin zafi da sanyi

el termómetro

hasken rana

la luz del sol

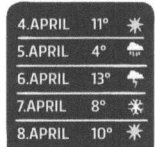

gajimare

la nube

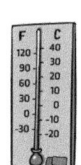

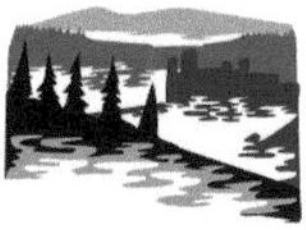

hazo

la niebla

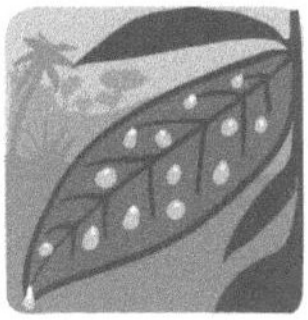

dumi

la humedad

walkiya

el rayo

aradu

el trueno

guguwa

la tormenta

kankarar ruwan sama

el granizo

iskar bazara

el monzón

ambaliyar ruwa

la inundación

kankara

el hielo

Janairu

enero

Fabarairu

febrero

Maris

marzo

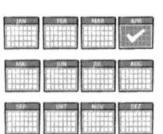

Afirilu

abril

Mayu

mayo

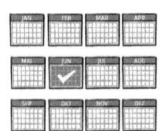

Yuni

junio

Yuli

julio

Agusta

agosto

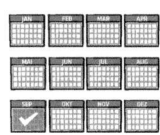

Satumba

septiembre

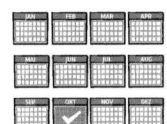

Oktoba

octubre

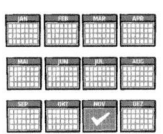

Nuwamba

noviembre

Disamba

diciembre

da'ira

el círculo

murabba'i

el cuadrado

kusurwa hudu

el rectángulo

kusurwa uku

el triángulo

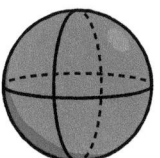

mulmulalle

la esfera

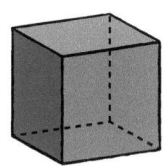

dunkule

el cubo

fari

blanco

rawaya

amarillo

ruwan lemo

naranja

ruwan shanshanbali

rosa

ja

rojo

garura

violeta

shudi

azul

kore

verde

ruwan kasa

marrón

ruwan toka

gris

baki

negro

da yawa / kadan

mucho / poco

fushi / nutsuwa

enojado / tranquilo

kyakkyawa / mummuna

lindo / feo

farko / karshe

el principio / el fin

babba / karami

grande / chico

mai haske / mai duhu

claro / oscuro

dan uwa / 'yar uwa

el hermano / la hermana

mai tsafta / kazami

limpio / sucio

cikakke / maras cika

completo / incompleto

rana / dare

el día / la noche

matacce / mai rai

muerto / vivo

mai fadi / matsattse

ancho / angosto

na ci / ba na ci ba

comestible / no comestible

mugu / mai tausayi

malo / amable

mai karsashi / gajiyayye

entusiasmado / aburrido

kakkaura / siriri

gordo / flaco

na farko / na karshe

primero / último

aboki / makiyi

el amigo / el enemigo

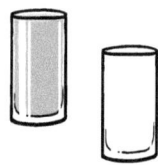

cikakke / holoko

lleno / vacío

mai tauri / mai laushi

duro / blando

mai nauyi / marar nauyi

pesado / liviano

yunwa / kishin ruwa

el hambre / la sed

cuta / lafiya

enfermo / sano

haramtacce / halastacce

ilegal / legal

mai basira / dakiki

inteligente / estúpido

hagu / dama

izquierda / derecha

kusa / nesa

cerca / lejos

kishiyoyi - los opuestos

sabo / na-hannu
....
nuevo / usado

ba komai / wani abu
....
nada / algo

tsoho / yaro
....
viejo / joven

kunna / kashe
....
encendido / apagado

a bude / a rufe
....
abierto / cerrado

shiru / kara
....
silencioso / ruidoso

mai arziki / talaka
....
rico / pobre

daidai / bata
....
correcto / incorrecto

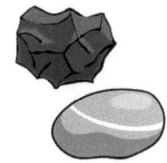

mai kaushi / mai santsi
....
áspero / suave

bakin ciki / farin ciki
....
triste / contento

gajere / dogo
....
corto / largo

a sannu / da sauri
....
lento / rápido

jikakke / busasshe
....
mojado / seco

dumi / sanyi
....
caliente / frío

yaki / zaman lafiya
....
guerra / paz

0

sifili

cero

1

daya

uno

2

biyu

dos

3

uku

tres

4

hudu

cuatro

5

biyar

cinco

6

shida

seis

7

bakwai

siete

8

takwas

ocho

9

tara

nueve

10

goma

diez

11

goma sha daya

once

12

goma sha biyu

doce

13

goma sha uku

trece

14

goma sha hudu

catorce

15

goma sha biyar

quince

16

goma sha shida

dieciséis

17

goma sha bakwai

diecisiete

18

goma sha takwas

dieciocho

19

goma sha tara

diecinueve

20

ashirin

veinte

100

dari

cien

1.000

dubu

mil

1.000.000

miliyan

el millón

Turanci

el inglés

Turancin Amurka

el inglés americano

Mandarin na China

el chino mandarín

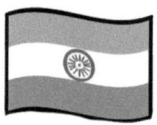

Hindi

el hindi

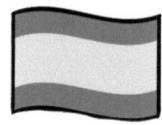

Sifaniyanci

el español

Faransanci

el francés

Larabci

el árabe

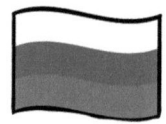

Yaren Rasha

el ruso

Yaren Portugal

el portugués

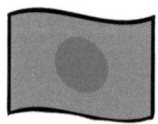

Bengali

el bengalí

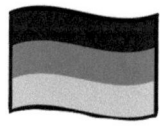

Yaren Jamus

el alemán

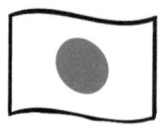

Yaren Japan

el japonés

ni

yo

kai

vos

shi / ita / ita

él / ella

mu

nosotros

ku

ustedes

su

ellos

wa?

¿quién?

me?

¿qué?

ya ya?

¿cómo?

a ina?

¿dónde?

yaushe?

¿cuándo?

suna

el nombre

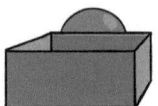

a baya

detrás

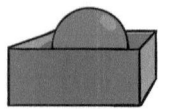

a ciki

en

a gaban

adelante de

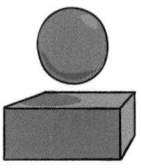

saman

por encima de

akai

sobre

karkashi

debajo de

a gefe

al lado de

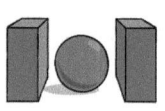

a tsakani

entre

wuri

el lugar